Hersteller / Manufacturer (GPSR)
Storylution GmbH, Biberstraße 5, 1010 Vienna, Austria
E-Mail: story.one@story.one

Gitte Kuther

BITTE ANLEINEN
Kaffeeklatsch über Kinder und Hunde

story.one – Life is a story

1st edition 2024
© Gitte Kuther

Production, design and conception:
story.one publishing - www.story.one
A brand of Storylution GmbH

Font set from Minion Pro, Lato and Merriweather.

© Cover photo: Lilian Gondolph

© Photos: Lilian Gondolph

Lektorat von Andrea Kienitz

ISBN: 978-3-7115-1615-2

*Meinen Freunden,
die an mich geglaubt
und mich unterstützt haben:
Ute Sanner-Friedrich
Thomas Sartorius
Tanja Klug
Jochen Kärcher
Benjamin Stöckmann
Martina Heinecker
Nicola Kübel-Heising
Alma*

INHALT

Vorwort

Nie hätte ich gedacht, einmal ein Buch zu schreiben. Ich bin von Hause aus eher die Praktikerin. Schon in der Schule hatte ich alles andere im Sinn, als Aufsätze zu schreiben. Lieber trieb ich allerlei Schabernack zusammen mit meinen Freundinnen. Wir inspirierten uns gegenseitig, auch wenn es darum ging, unsere Träume zu verwirklichen. Und an ihnen lag es, dass es mich doch drängte, unsere Geschichte zu erzählen aus Überzeugung, dass es vielen Menschen so ergeht, wie es uns ergangen ist.
Deswegen gilt mein erster Dank ihnen, den Mädchen aus Köln-Kalk, allen voran Helga.

Liebe Leserinnen und liebe Leser,
vielleicht hattet ihr einmal eine gemeinsame Welt im Freundeskreis mit geteilten Interessen und ähnlichen Träumen, bis die Entwicklung der einzelnen zuerst unsichtbare, aber in euren Gesprächen immer deutlicher werdende Hürden aufrichtete, die mit der Zeit so unüberwindbar wurden, dass ihr euch in der alten Runde nicht mehr wohlfühltet. Das kann durch

unterschiedlichste Themen oder Ereignisse ausgelöst worden sein. Für mich waren es die Gespräche, die sich nach der Geburt der Kinder immer mehr und beinahe nur noch um diese drehten. Mir fehlte schlichtweg die Erfahrung mit Kleinkindern, die auch in meiner näheren Familie nicht besonders häufig vorkamen. Selbst wollte ich nie eigene Kinder haben und war als Nicht-Mutter sehr glücklich. In unsere Familie hat mein Mann den Sohn eingebracht, sodass ich das Thema weiter ,stiefmütterlich' behandeln konnte.

Ihm, meinem Mann Ulrich, der mich ermutigte, meine Erfahrungen und meinen eigenen Blick zu Papier zu bringen, gilt ebenfalls mein Dank.

Meine Freundinnen bedeuteten mir viel, und ich fragte mich, ob ich tatsächlich keinen Beitrag zu ihren Gesprächen leisten konnte. Schließlich half mir, dass ich schon lange als Hundetrainerin arbeitete. Denn: woraus besteht der Job einer Hundetrainerin? Daraus, den Hundehaltern zu vermitteln, wie man einen Hund erzieht, ihm eine gute Kinderstube angedeihen lässt und auf diese Weise eine entspannte Zeit verbringen kann. Für mich galt, was schon der unsterbliche Loriot erkannt hatte und in etwas abgewandelter Form lautet: „Ein Leben ohne Hund ist möglich, aber sinnlos". Aber ein Leben mit einem schlecht erzogenen Hund ist die Hölle. Und das Leben mit einem unerzogenen Kind? Gleichen sich die Themen rund um gute Erziehung und respektvolles Miteinander nicht sehr?

Meine nüchterne Einsicht, dass es im Blick auf Kinder und Hunde Ähnliches zu beachten gilt und Ähnliches falsch bzw. richtigzumachen ist, hat mich dazu gebracht, dieses Buch zu schreiben.

Liebe Eltern und liebe Hundehalter,
wenn ihr euch in der einen oder anderen Geschichte der folgenden Seiten wiedererkennt, dann ertragt bitte meine Frechheiten, lasst euch durch meine Einsichten anregen und fühlt euch nicht auf den Schlips getreten, sondern gut unterhalten!

Eure Gitte

Beste Freundinnen

Die schöne Tradition, uns jeden Freitagnachmittag im Café ‚Gutrimen' in Köln-Kalk zu treffen, um dort das abzuhalten, was unsere Eltern als Kaffeeklatsch bezeichnet hätten, hatten wir Mädels am Ende unserer gemeinsamen Schuljahre ins Leben gerufen. Es war ein herrliches Klönen dort.

Nach der Schulzeit trieb es uns beruflich in ganz unterschiedliche Richtungen – Betty wurde Bankerin, Sigrid absolvierte ein Lehramtsstudium, Margit entschied sich für den Beruf der Erzieherin und sowohl Helga als auch mich zog es als Tierarzthelferinnen zum lieben Vieh – aber wir alle waren in der Region geblieben. So konnten weder unsere Freunde noch unsere späteren Ehemänner uns davon abhalten, weiterhin an unserer Gewohnheit des regelmäßigen Cafébesuchs im ‚Gutrimen' festzuhalten.

Dann machte Margit den Anfang und als sei es eine ansteckende Krankheit, gebaren meine

Freundinnen in kurzen Abständen ihre ersten Kinder. Liebreizende Babys, die alsbald nach einem Geschwisterchen zu verlangen schienen. Adieu, ihr spannenden Gespräche über Gott und die Welt, Männer, Mode und den neuesten Kalker Klatsch. Jetzt spielten die Kinder die Hauptrolle und die Zeit der Latte-Macchiato-Mütter hielt Einzug. Ich machte mich rar und blieb irgendwann fern. Aus der Runde der Freundinnen war ein Mütterstammtisch geworden, zu dem ich keinen Zugang mehr fand.

Wäre Betty nicht gewesen, die mich immer wieder anrief und insistierte, ich solle doch mal wieder zum Freitagstreff kommen, mich mit der Aussicht auf ein leckeres Stück ‚Rheinischen Riemchenapfel' lockte und mir glaubhaft versicherte, dass ich den Mädels fehlen würde, der Kontakt wäre wohl gänzlich abgerissen.
Lange Zeit versuchte ich, ihr die Bitte mit Ausreden abzuschlagen, von denen Frauen ja bekanntlich ein großes Repertoire zur Verfügung haben, doch irgendwann gingen auch mir die fadenscheinigen Erklärungen aus. Als Betty freitags wieder einmal vor meiner Tür erschien, bekannte ich ganz ehrlich: „Liebe Betty, mir sind unsere Treffen mittlerweile zu langweilig geworden. Ihr kennt nur noch ein einziges

Thema – eure Kids. Und ich werde in die Zuhörerrolle gedrängt."

Ich versuchte ihr zu verdeutlichen, dass ich mich als Kinderlose inmitten der Mütter-Clique einfach fehl am Platze fühlte. Und Betty zeigte durchaus Verständnis dafür, dass ich mehr Beachtung für meine Themen einforderte. Und so fasste ich mir ein Herz und unterbreitete ihr die Idee, die mir schon lange vorschwebte: „Na gut, ich versuche es noch einmal, aber nur, wenn die anderen auf meine Bedingung eingehen." Betty war sprachlos – was äußerst selten vorkam.

„Bedingung für einen Kaffeeklatsch? Und wie soll die aussehen?", fragte sie ungläubig und leicht irritiert.

„Das verrate ich, wenn wir alle zusammensitzen." Während Betty noch fragend und überrascht dreinblickte, zog ich meine Lederjacke an und wir marschierten los. Ich verließ mich auf mein Bauchgefühl, das mir anzeigte, dass unter klaren Voraussetzungen Freundschaften auch veränderte Lebenslagen überdauern.

Der Deal

„Das ist nicht wahr!" – „Wie jetzt?" – „Was machst du denn hier, Gitte?" – „Wie schön, dich mal wieder zu sehen!"

Das Hallo war groß, als Betty und ich das Café ‚Gutrimen' in der Kalker Hauptstraße betraten. Fünf Frauen können ganz schön wild durcheinanderreden. Bald waren die Bussis der Wiedersehensfreude ausgetauscht und die erste Überraschung war verflogen, sodass wir alle unseren Kaffee und ein Stück ‚Riemchenapfel' bestellen konnten. Ich spürte in mich hinein und eine wohlige Wärme bahnte sich ihren Weg direkt in mein Herz. Wie hatte ich sie vermisst, meine Mädels und sie mich, das war unbestritten. Es fühlte sich ganz genauso an wie damals in der Abschlussklasse, als wir fünf uns auf ein wöchentliches Treffen im Café verständigt hatten. Und doch ganz anders, denn ich hatte ja eine Bedingung mitgebracht, die ich nun allen präsentierte. Vielleicht war es der Magie des Augenblicks geschuldet, dass plötzlich vier Frauen wie gebannt an meinen Lippen hingen, als wären sie kleine Kinder, denen die Oma gerade ein besonders spannendes Märchen erzählt.

„Ja, ich freue mich wirklich, euch hier im Café wiederzusehen", begann ich vorsichtig. „Ich bin auch auf eure Geschichten gespannt. Aber ich möchte mich nicht wieder langweilen, weil Helga von den Einschlafschwierigkeiten ihres Lars berichtet, Margit über die Tobsuchtsanfälle ihrer Klara klagt und Betty darüber, wie ihr Kind ihr Sexleben beeinträchtigt." Ich machte eine kurze Pause und schaute in die erwartungsvolle Runde: „Also habe ich mir einen Deal überlegt. Wenn ihr damit einverstanden seid, werde ich gern wieder regelmäßig an unserem Kalker Kaffeeklatsch teilnehmen."

In den Gesichtern meiner Freundinnen konnte ich von Stirnrunzeln über Ungläubigkeit bis hin zu abwartendem Lächeln alle Gefühlsregungen ablesen.

Nun platzte ich heraus: „Der Deal lautet: Immer wenn es um die Erziehung der Kleinen und andere spezielle Kinderthemen geht, habe ich das Recht, eine Geschichte von meiner Dogge Salome, von Hunden in meinem Training oder über Hundeerziehung zu erzählen. Dann sind eure und meine Interessen ausgeglichen. Auf diese Art erfahrt ihr auch etwas aus meinem Leben, das für mich als Hundetrainerin eben zum größten Teil aus Vierbeinern besteht. Ich für meinen Teil bin dann nachsichtig, wenn ihr zum wiederholten Mal eure Erziehungsgeschichten zum Besten gebt. Ich weiß ja, wie stolz ihr auf eure Kinder seid."

Mit allem hatte ich gerechnet, aber dass mir gleich ein vierstimmiges „Ja, so machen wir das!" entgegenschlug, ließ mich vor Rührung nun doch ein bisschen schlucken. Nun konnten wir in bester Kaffeeklatsch-Manier unsere Abmachung bei einer großen Tasse Crema bekräftigen, die anstelle eines Gläschens Sekt für die Besiegelung unserer Vereinbarung herhalten musste.

Die Kinderstube

„Betty!", begrüßte ich am nächsten Freitag meine Freundin stürmisch, „Schön, dass du mich wieder abholst. Ich freue mich schon auf unseren Kaffeeklatsch. Und ich bin dir so dankbar, dass du mir noch einmal einen Schubs gegeben hast, euch wieder regelmäßig zu treffen." - „Ja, du hast uns wirklich gefehlt", lachte Betty. „Und deine ‚Bedingung' hat doch großen Anklang gefunden. Es tut wirklich gut, mal den Horizont zu erweitern und nicht nur über die ‚Pänz' zu sprechen."

So zogen wir erneut los. Von meiner Wohnung aus war es nur ein Katzensprung bis ins Café ‚Gutrimen'. Auf dem Weg dorthin brachte ich ein Thema auf, das mich beschäftigte: „Weißt du, ich sehe die Gesellschaft bei vielen Themen in zwei Lager gespalten. Und oft stehen sie sich unversöhnlich gegenüber, statt sich auf einen konstruktiven Austausch einzulassen."

„Sprichst du jetzt von Eltern und kinderlosen Singles?", fragte Betty.

„Nein, die hatte ich gar nicht gemeint. Ich dachte an Hundebesitzer einerseits und Leute ohne Hund auf der anderen Seite. Uns allen wäre damit geholfen, wenn beide Parteien ein gewisses Verständnis füreinander aufbrächten."

Als wir schließlich das Café betraten, kreisten meine Gedanken immer noch um die Diskrepanz zwischen Hundefreunden und Hundefeinden, die auch darin zum Ausdruck kommt, dass in manchen Lokalen Gäste ihre Hunde mitbringen dürfen, in anderen aber nicht. Ich rätselte: „Dürfen hier ins Café eigentlich Hunde mitgebracht werden?"

„Keine Ahnung", gestand Betty. „Aber Engelbert wird es uns sicher gleich verraten."

Sprach's und wandte sich schon in Richtung Theke, um Engelbert Gutrimen, den wir ja von klein auf kannten und duzten, zu befragen.

„Dat kött janz vun der 'Kinnerstuv' vum Hund ahn", lautete Engelberts Antwort. "Ihr wisst, wie winnich Platz ming Bud hätt, Do passt dann bloß en Hund rin, de wirklich joot erzohge es."

Zu seinen Erfahrungen mit den Gästen und ihren Hunden teilte Engelbert uns mit, dass er mittlerweile etwas zurückhaltender geworden sei. Erst neulich habe ein Geburtstagskind seine Hündin Lea mitgebracht, die sich als nette, aber auch etwas stürmische Hündin entpuppte.

Nicht genug damit, dass sie die Gäste zur Begrüßung begeistert ansprang, nein, in unbeobachteten Momenten stibitzte sie auch Kuchen vom Nachbartisch. Einer der Gäste beobachtete das und meinte dann kopfschüttelnd zu Engelbert: „Dieser Hund hat aber nun wirklich keine gute Kinderstube genossen."

Ich musste lächeln und pflichtete ihm innerlich bei. Eine gute „Kinderstube" ist das A und O für ein glückliches Zusammenleben zwischen Mensch und Hund.

„Ich könnte dich gut verstehen, wenn du gar keine Hunde in deinen Laden lässt, wo es hier doch so viele Leckereien gibt!" Dann erinnerte ich mich grinsend an einen ähnlich distanzlosen Hund:

„Einmal war ich zu Gast bei einem Abendessen und ein junger Hund, der genau wie Lea keine Grenzen kannte, hatte die ganze Familie im Griff. Bei Tisch war ich dauernd damit beschäftigt, mein Schnitzel vor dem jederzeit sprungbereiten Hund zu schützen."

Grenzen setzen

Inzwischen waren die anderen Mädels gekommen und hatten unseren gewohnten Platz hinten rechts am Fenster bezogen. Sie wunderten sich sicher darüber, dass wir am Tresen standen und dort unseren Latte Macchiato tranken, den Engelbert uns ungefragt zubereitet hatte. Betty und ich nahmen unsere Gläser mit an den Tisch und berichteten den schon neugierig Wartenden von unserer Unterhaltung mit Engelbert.

„Kurz gesagt ging es um ein Thema, zu dem ihr alle etwas beitragen könnt: die gute Kinderstube", erzählte ich lachend und gab noch einmal die Geschichten des geklauten Kuchens und des gefährdeten Schnitzels zum Besten.

„Und was würdest du als Hundetrainerin in solchen Fällen machen?", wollte Margit interessiert wissen.

„Grenzen setzen", antwortete ich frei heraus. „Je eher, desto besser." Auf die Frage, was das konkret bedeutete, erzählte ich, wie ich Salome bei unerwünschtem Verhalten in ihre Schranken gewiesen hatte. „Salome hat für Autofahrten hinten einen Käfig. Wenn ich die Heckklappe und den Käfig öffne, hat sie zu warten, um nicht sich und andere durch unkontrolliertes Rausspringen zu gefährden. Als sie jung war, kam es dennoch dazu, dass sie einmal sprang, kaum dass die Tür geöffnet war. Da habe ich sie beim Schlafittchen gepackt und sie war schneller wieder im Auto als herausgesprungen. Eindeutige Klarheit in meiner Stimme und meinem Handeln zeigten Salome die Grenze auf. Spätestens nachdem ich sie mit Schwung zurück in den Käfig befördert hatte, wusste sie, dass sie diesen in Zukunft nur noch auf Aufforderung hin verlassen würde."

„Respekt, Gitte!" meinte Margit. „Das kann auch nicht jede. Und schon gar nicht bei ihrem Kind."

Ich dachte zurück an meine früheste Kindheit und sinnierte: „Meine Mutter hat mich immer dann mit meinem vollen Namen – Brigitte – angesprochen, mit erhobener Stimme und deutlicher Betonung auf der zweiten Silbe, wenn sie der Meinung war, sie müsste mit mir ein klärendes Gespräch führen. Dann gab es kein nettes ‚Gitte' mehr für mich." Trotz des Tonfalls und der ungewohnten Ansprache hatte ich meine Mutter lieb. Vielleicht sogar gerade deswegen, denn ich wusste, wo ich bei ihr dran war.

Laut sagte ich: „Ich habe die Erfahrung gemacht, dass die vermutlich wichtigste Aufgabe der Erziehung darin besteht, Grenzen zu setzen. Diese klaren Grenzen schaffen einen realistischen Rahmen, in dem sowohl das Kind als auch der Hund sicher und selbstbewusst Entscheidungen treffen können."

Dieses zündende Stichwort griffen meine Freundinnen gerne auf. Jede von ihnen berichtete nun ausführlich über Situationen, in denen sie ihren Kindern keine Grenzen aufzeigen konnte, oder solche, in denen sie deutlich Grenzen gesetzt hatte.

Betty hatte eine Begebenheit noch klar vor Augen: „Natürlich musste ich handeln, als ich mit meinem Sohn im Restaurant saß und er plötzlich anfing, den Mann am Nachbartisch mit Erbsen zu bewerfen. Ich habe kurz und barsch gerufen: ‚Mario!' Die Ansage war mehr als deutlich und hatte Erfolg."

Gut betreut

„Wo ist eigentlich Salome?", wollte Margit mitten im Geplauder wissen. „Ich dachte, dich gäbe es immer nur mit Hund an deiner Seite."

Damit hatte sie im Grunde genommen recht, für unseren Kaffeeklatsch aber hatte ich Salome bewusst bei meinem Mann gelassen. Ulrich hatte als jemand, der ohne Hund aufgewachsen ist, zu Anfang unserer Partnerschaft lernen müssen, dass es Gitte nur mit Hund gab. Zum Umsatteln in die Selbstständigkeit hatte er mich nicht zuletzt deswegen motiviert, weil er dachte, mein Bedarf an Hunden sei dann gedeckt. Falsch gedacht, denn natürlich sollte eine Hundetrainerin einen eigenen Hund besitzen – quasi als Übungs- und bestenfalls als Vorführobjekt. Für Ulrich kam nach dem Einlenken nur ein mindestens kniehoher Hund infrage. Vermutlich, weil er als Junge von einem kleinen Vierbeiner in die Wade gebissen worden war. Unsere Wahl fiel auf die Deutsche Dogge Salome, die Ulrichs Wade höchstens im Liegen zu sehen bekommt.

„‚Betreuung' heißt das Zauberwort", entgeg-
nete ich Margit schmunzelnd. „Ihr habt eure
Kinder ja auch nicht dabei. Salome ist bei Ulrich zu Hause." Gerne berichtete ich von den
Parallelen in der Hundeszene, in der die Hundebesitzer gerne einen – oft jugendlichen –
Dogsitter engagieren. Seit einigen Jahren gibt es
sogar richtige Hundetagesstätten, sogenannte
‚Hutas' in Anlehnung an die ‚Kitas', und Pensi-
onen, die Hunde wochenweise aufnehmen.
„Ja, ich bin froh, Salome durch ihn oder meine
Freundin Ursula gut betreut zu wissen, um mir
auch einmal einen Freiraum zu verschaffen,
zum Beispiel für die Treffen mit euch. Aber
meine Verantwortung für ihre Erziehung würde
ich nie delegieren."

„Wir richten unseren Urlaub nach den Kin-
dern aus und fahren deswegen in der letzten
Zeit immer nur ans Meer, weil sie es lieben", gab
Sigrid zu. „Aber da hast du es einfacher, weil du
deinen Hund überall mitnehmen kannst."
„Nein", entgegnete ich lachend, „mit einer
Dogge fliegen wir sicher nicht in den Urlaub.
Wir beschränken uns auf Gebiete, die man pro-
blemlos mit dem Auto erreichen kann."
„Oder du bringst sie in so eine Hundepension",

schlug Betty vor.

Ich schüttelte abwägend den Kopf: „Das wäre zwar eine Möglichkeit, kommt aber für uns nicht infrage. Salome ist ein zu sensibles Wesen für fremde Abläufe in einer Hundepension. Ich würde sie ungern für längere Zeit in einer Pension lassen."

Natürlich nahmen auch meine Freundinnen ihre Kinder mit in den Urlaub und gaben sie nicht wochenlang irgendwohin ab. Nicht ganz ausschließen wollten sie aber, ihre Kids in den Ferien später in einem Zeltlager anzumelden.

Helga erzählte noch, dass ihr dreijähriger Sohn Lars mittlerweile in eine Kita gehe. „Sehr hilfreich war die Eingewöhnungsphase von zwei Wochen, damit der Einschnitt nicht zu abrupt war. Lars ist dort nun vormittags bestens versorgt und ich kann wieder stundenweise als Tierarzthelferin arbeiten."

„Seht ihr", triumphierte ich innerlich. „Auch bei Hunden plant man eine Eingewöhnungszeit ein, wenn man vorhat, sie in die Urlaubsbetreuung zu geben. Nur wenn man ein gutes Gefühl hat und wenn der Hund sich ebenfalls wohlzufühlen scheint, kann man ihn guten Gewissens dort lassen."

Das Puber-Tier

„Du weißt schon, dass heute Freitag ist?", erinnerte mich Ulrich am Frühstückstisch. „Woll-
tet ihr Mädels heute nicht mit den Kindern in
den Zoo gehen?" „Herrje!", entfuhr es mir, „Das
habe ich ja völlig vergessen".

Trotz der wenig erheiternden Vorstellung,
mit vier Müttern und ihren Blagen den Kölner
Zoo zu besuchen, hatte ich vor zwei Wochen
zugestimmt mitzukommen. „Ach, eigentlich
habe ich dazu gar keine Lust mehr", versuchte
ich einen Rückzieher zu machen, aber Ulrich
munterte mich auf: „Nun sieh' es doch nicht so
negativ!" Schon gab er mir einen Kuss auf die
Wange, schnappte sich die Hundeleine,
wünschte mir einen schönen Zooaufenthalt
und weg war er.

Da ich erst in vier Stunden beim Zoo verab-
redet war und immer noch wenig Lust verspür-
te, dort hinzugehen, beschloss ich, vorher noch
meine Freundin Tina zu besuchen. Tina hatte
weder Kind noch Hund, dafür aber wechselnde

Partnerschaften, die immer für Gesprächsstoff sorgten. Zurzeit war Gerd, 48 Jahre alt, geschieden, Vater von zwei pubertierenden Kindern, an ihrer Seite.

„Du im Zoo mit nach Eis nörgelnden Kindern – unvorstellbar", prustete Tina los, nachdem ich ihr von der mir bevorstehenden Tortur berichtet hatte. „Da sollten wir dich wohl besser ein wenig auflockern", schlug sie vor, während sie unsere Sektgläser füllte. Wir prosteten uns zu und ich beschloss, den Tag auf mich zukommen zu lassen.

„Wie geht es dir mit deinem Gerd?", wollte ich von Tina wissen. Tina rollte mit den Augen, als sie verlauten ließ: „Gerd ist ein toller Kerl und ich genieße die Tage, an denen wir zusammen sind. Wenn da nicht die Kinder wären! Alle vierzehn Tage sind die beiden Jungs bei uns. Ich verstehe ja, dass Gerd in der wenigen Zeit, die er mit ihnen verbringen kann, keine Lust auf Auseinandersetzungen hat. Aber es kann doch nicht gut sein, dass sie machen können, was sie wollen." Bevor ich etwas entgegnen konnte, brach es weiter aus Tina heraus: „Die zwei Jungs sind einfach ein Albtraum. Sie sind zu nichts zu motivieren und glaube mal bloß nicht, dass sie auf Fragen antworten würden.

Wenn überhaupt, bekommen wir ein ‚Vielleicht', ‚Mal sehen' oder ‚Keine Lust' zur Antwort. Das macht mich rasend. Sei froh, dass du nur Salome und kein Kind zu Hause hast!"

Obwohl ich schon im Aufbruch begriffen war, musste ich Tinas Vorstellung ein wenig zurechtrücken. „Weißt du, auch Hunde kommen in die Pubertät. Sie haben in dieser Zeit nur Knete im Kopf. Alles, was bislang schön antrainiert war, ist vergessen. Die Hunde hören nicht mehr auf ihren Namen, sie wissen nicht mehr, was ‚Sitz!' bedeutet. Einige Junghundebesitzer erzählen mir mit einem Lächeln im Gesicht, dass sie ihren Hund in dieser Zeit auch gerne im Gartenteich versenkt hätten – Hauptsache weg mit diesem ‚Pubertier'. Ja, im Tal der Tränen möchte man dem vorher ach so zuckersüßen Vierbeiner am liebsten den Hals umdrehen."

Tatsächlich etwas aufgelockert durch die beiden Gläschen Sekt, fuhr ich mit der U-Bahn dem Abenteuer ‚Zoo mit Kids' entgegen und konnte dem Nachmittag mit den Freundinnen zumindest insofern etwas abgewinnen, als ich keinen Hund dabei hatte, bei dem das Hirn ausgeschaltet war.

Aufmerksamkeit

Während mein Kaffee eines Morgens durch die Maschine lief, wanderte mein Blick in unseren Garten. Ich frohlockte - obwohl der Himmel leicht bedeckt war – sowohl über die Wettervorhersage, die angenehme und niederschlagsfreie 22 Grad versprach, als auch darüber, dass heute ein hundetrainingsfreier Tag vor mir lag. Ideale Bedingungen also für einen ausgedehnten Spaziergang mit Salome. Nun musste ich nur noch meine Dogge von meinen Plänen überzeugen, denn sie war eine ausgesprochene Langschläferin.

„Auf geht's, Salome", rief ich. „Der Rheinpark wartet auf uns." Salome hob kurz den Kopf, drehte ihn dann aber wieder von mir weg und bettete ihr Haupt mit einem tiefen Hundeseufzer erneut auf das Kissen. Es fehlte nur noch, dass sie auf die Uhr schaute, um festzustellen, dass es noch viel zu früh für jedwede Aktivität war. So eine faule Socke! Ich ließ sie noch ein bisschen schlafen, aber eine halbe Stunde und zwei Kaffeetassen später, riss mir der Geduldsfaden und ich warf sie wie ein Kind aus den Federn, sprich aus ihrem Hundekorb. Kurz darauf standen wir im noch nicht allzu überlaufenen Rheinpark, mitten in der Stadt, aber dennoch im Grünen.

Außer uns waren nur ein paar Mütter und Väter mit ihren Kinderwagen unterwegs. Und auch die Hundehalter waren in einer überschaubaren Menge vertreten. Ich war froh darüber, denn so musste ich mir nicht deren typische Bemerkungen über Salomes Erscheinung anhören wie: „Das ist ja eher ein Pferd als ein Hund." Oder: „Darauf könnten ja meine Enkel reiten." Oder: „Können Sie den Hund überhaupt halten, wenn der mal zieht?"

Während Salome große Freude daran fand, an jedem Grashalm zu meditieren, hatte ich genügend Zeit, die jungen Mütter mit ihren Kinderwagen zu beobachten. Mir bot sich ein bizarres Bild, da viele Wagenschieber offenkundig mehr mit ihrem Handy beschäftigt waren als mit ihren Kindern. Nur wenige suchten den Blickkontakt zu den Kleinen. Bekamen sie überhaupt mit, wenn ihr Nachwuchs sie anschaute? Diese Szenerie ließ mich einen meiner Welpen-Spaziergänge mit Salome reflektieren. Auch ich hatte mein Handy ständig griffbereit dabei, da ich als Selbstständige auf diesen Kommunikationsweg angewiesen war. Schließlich hätte sich ja während des Spaziergangs ein Kunde melden können. Und ich ging, als es klingelte, auch brav dran, während ich Salome dann nur noch grob im Blick hatte. Auf diese Weise wurde der gerade in der Welpenphase fein gesponnene Kontaktfaden zu Salome mit jeder Minute des Telefonats immer dünner. Abgelenkt durch die Stimme in meinem Ohr, bestätigte ich kurze Blickkontakte von Salome nicht mehr, weder mit meiner Stimme noch mit der entsprechenden Gestik und schon gar nicht mit einem Leckerli und verlor regelrecht den Draht zu ihr. Und was lernte meine blitzgescheite Hündin damals daraus? Wenn es kein Feedback meinerseits gibt, lohnt es sich für sie nicht, mit mir in Kontakt zu treten. Allerdings wäre ich eine schlechte Hundetrainerin, wenn ich diese Erkenntnis nicht umgehend in eine passende Handlung umgesetzt hätte. So blieb das Handy fortan stumm geschaltet in meiner Tasche und Salome rückte wieder in den Mittelpunkt meiner Konzentration. Und als ob Salome gerade meine Gedanken lesen könnte, drehte sie sich in meine Richtung. Ich meinte, einen sehr dankbaren Blick erkannt zu haben.

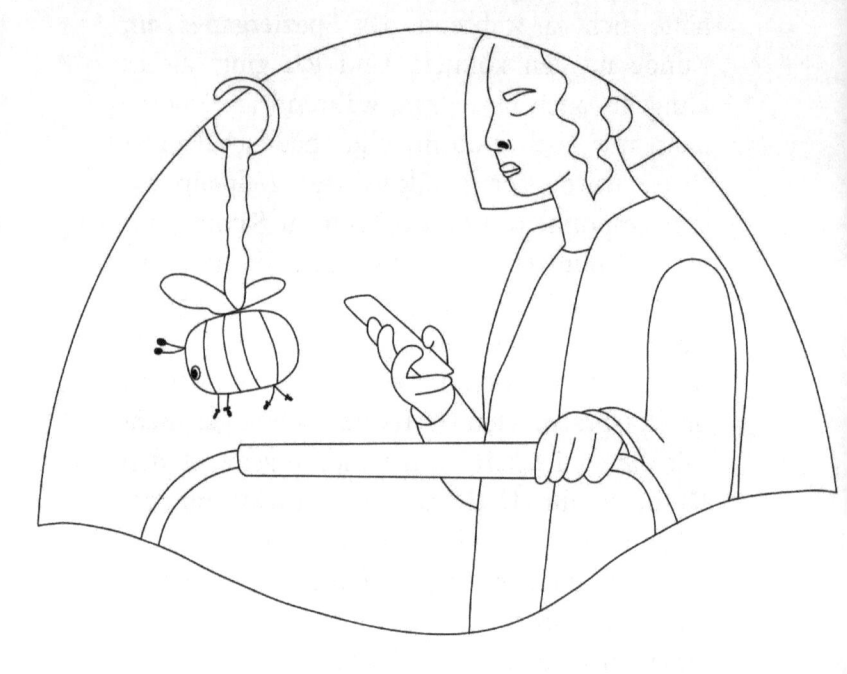

Blickkontakt

Meine Beobachtungen im Rheinpark ließen mich nicht los. Ich blickte in meine eigene Kindheit zurück, eine handyfreie, unbeschwerte Zeit, in der ich die Aufmerksamkeit meiner Eltern höchstens mit einem in der Diele fest installierten weinroten Tastentelefon teilen musste, das aber nicht allzu oft klingelte. Meine eigene Erfahrung mit Salome wollte ich unbedingt bei der nächsten Kaffeerunde zum Besten geben.

„Ich bin der festen Überzeugung und kann am Beispiel vieler Trainingsteams belegen, dass Hunde genau merken, ob wir mit den Sinnen ganz bei ihnen sind oder uns ablenken lassen", brachte ich am folgenden Freitag das Thema zur Sprache. „Warum sollte es bei Kindern anders sein?"
Zu dieser Diskussion hatten nun wieder alle etwas beizutragen und die Erinnerungen sprudelten nur so aus ihnen heraus. Ein schöner Satz von Betty, den ihre Oma ihr und ihrem Mann nach der Geburt von Mario mitgegeben

hatte, brachte uns zum Nachdenken: „Ihr könnt gar nicht oft und lange genug in den Kinderwagen hineinlächeln. Das bekommt ihr alles wieder zurück." Ich konnte das aus meiner Erfahrung in Bezug auf den warmherzigen Blick in die freundlichen, großen Hundeaugen nur bestätigen.

„Eltern, denen ich erklären will, wie wichtig ihr enger Kontakt zu ihrem Kind ist, gebe ich gern ein Beispiel", erläuterte Margit, die als Erzieherin in unserem Kreis nicht nur eigene Erfahrungen mitbrachte, sondern von Berufs wegen hier die Fachfrau war. „Stellt euch vor, wie ihr beim Klingeln des Telefons abnehmt, aber auf euer ‚Hallo‘ leider keiner antwortet. Ihr legt auf. Nun klingelt es wieder, ihr geht dran und wieder Totenstille. Ihr legt wieder auf. Wenn es dann wieder klingelt, was werdet ihr wohl machen?"
„Ich würde nicht mehr drangehen", antwortete Sigrid bestimmt.
„Genau! Ihr lernt nämlich ganz schnell, was sich nicht lohnt und lasst es deswegen sein." Margit war ganz in ihrem Element. „So lernen auch eure Kinder, dass es sich nicht lohnt, bei euch „dranzugehen", wenn sie allzu oft keine Reaktion bekommen."

„Frank und ich hatten einen längeren Streit über den Kinderwagen", erinnerte sich Helga. „Er wollte unbedingt einen Jogger-Wagen, um mit unserem Kind seine Laufrunde machen zu können. Aber den Jogger kannst du nicht so drehen, dass das Kind zu dir schauen kann."

„Und welchen Kinderwagen habt ihr euch letztendlich angeschafft?", wollte ich wissen.

„Ich habe Frank davon überzeugen können, wie wichtig gerade in der ersten Zeit der Blickkontakt ist. Der Jogger kam dann später."

Margit erzählte, dass sie sich aus dem gleichen Grund mit Benny auf ein Handyverzicht während der Spaziergänge mit Klara im Kinderwagen geeinigt hatte und sie diese störungsfreie Zeit sehr genössen. „Ich bin froh, dass ich damals sehr schnell gelernt habe, das Handy während meiner Welpen-Spaziergänge lautlos zu stellen", bestätigte ich die Entscheidungen meiner Freundinnen. „Natürlich war die Versuchung, es nicht abzustellen, schon sehr groß, aber ich habe mir einfach gesagt, dass ich alle verpassten Anrufe bearbeiten kann, sobald Salome zu Hause in ihrem Hundekorb liegt. Und dann kann ich ungestört so lange telefonieren, wie ich will."

Die Spielgruppe

„Gestern war ich mit Katharina auf dem tollen, neuen Spielplatz bei uns im Viertel. Die Planer haben sich wirklich etwas bei der Gestaltung gedacht." Helga ahnte nicht, was sie mit ihrer euphorischen Bemerkung auslöste. Nun wurden alle alten Spielplatzgeschichten wieder ausgepackt.

„Mein Mann Benny wollte immer allzu gern mit Klara runter zum Spielplatz gehen", lachte Margit. „Nach ein paar Wochen war mir klar, warum. Er saß dort umringt von jungen Müttern, mit denen er sich blendend unterhielt und bei denen er der Hahn im Korb war."

„Das ist genau wie bei Ulrich", stimmte ich ein und lachte ebenfalls. „Der geht auch gerne mit unserer Salome Gassi, weil er dabei immer mit vielen netten Hundehalterinnen plaudern kann."

„Männer eben", sagte Margit.

Nachdem wir uns noch eine Weile über unsere ‚unmöglichen' Männer und ihre Marotten unterhalten hatten, wollten die Mädels wissen, ob es denn eigene Spielplätze oder Spielstunden für Hunde gäbe. Ich antwortete, dass viele Kollegen Welpen-Spielgruppen anbieten, die von Kunden auch gezielt nachgefragt würden. Dann stellte ich jedoch richtig: „Ich selbst biete allerdings keine Welpen-Spielgruppen an. Hunde sind in Gruppen oft schnell überfordert. Deswegen rate ich meinen Kunden, sich Spielgruppen oder Gruppentrainings vorher genau anzuschauen und zu überlegen, ob es ihrem Hund mit einem individuellen Training nicht vielleicht doch besser geht."

„Aber brauchen Welpen nicht auch den Kontakt zu anderen Hunden, um sich zu sozialisieren?", wollte Margit wissen.

„Ja, natürlich sollen Welpen andere Artgenossen kennenlernen, um auf deren Körpersprache richtig zu reagieren. Und sie müssen lernen, ihre eigenen Signale richtig einzusetzen. Das lernen sie im Spiel. Das ist bei euren Kleinen doch ganz ähnlich, oder?", fragte ich nach.

„Klar", sagte Helga. „Was habe ich damals gestaunt, wie schnell Katharina auf dem Spielplatz einfach durch Nachahmung von anderen Kindern lernt. Unser Lars dagegen wollte eine Zeit lang gar nicht mehr auf den Spielplatz gehen. Da gab's ein paar grobe Jungs, die mit ihm rauften und ihn fertig machen wollten. Das war zu viel für ihn."

Uns alle interessierte brennend, wie Lars diese für ihn unangenehme Situation auf dem Spielplatz gemeistert hat.
Helga dachte zurück: „Wir haben Lars zum Spielplatz begleitet und sind längere Zeit geblieben, um zu sehen, wie Lars spielt und wie er behandelt wird. Als die Rabauken wieder loslegen wollten, haben wir klärend eingegriffen. Danach war Ruhe und Lars ging wieder gern zum Spielplatz. Später traf er sich dann lieber außerhalb des Platzes mit Freunden zum Spielen."
Das erinnerte mich doch sehr an meine Grundsätze im Hundetraining: Lieber weniger oft, aber dafür kontrolliert und gut ausgewählt spielen! In der Regel reichen dazu schon Hundebegegnungen auf Spaziergängen oder gezielte Verabredungen mit anderen Hunden.

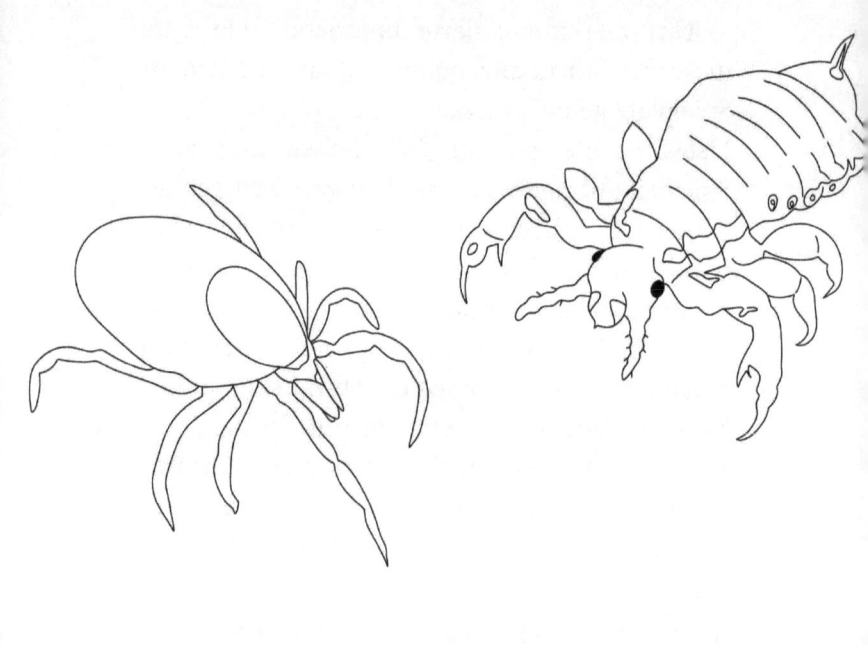

Lästige Tierchen

An einem regnerischen Freitag kamen alle, bis auf Margit, wieder in unserem Café ‚Gutrimen' zusammen. Margit hatte Betty informiert, dass sie noch beim Kinderarzt sitze und sich verspäte. „Sie meinte nur, sie brauche heute keinen Kaffee, sondern wohl eher ein Kölsch und einen Schnaps", schmunzelte Betty.

Mit hochrotem Kopf fegte Margit kurz darauf zur Tür herein: „Unglaublich! Ich habe meinen Augen nicht getraut, als ich bei unserer Klara etwas auf ihrem Kopf krabbeln sah. Erst entdeckte ich nur ein Tierchen, dann zwei, dann eine ganze Armee von Kleintieren. Und nun haltet euch fest. Die Diagnose des Arztes lautete: Klara hat Läuse!"

„Hammer!", rief ich gespielt empört. Dabei konnte ich mir ein Grinsen aber nicht verkneifen.

„Ich finde das gar nicht lustig", reagierte Margit prompt ein bisschen eingeschnappt. „Klara hat sich wohl in der Schule angesteckt. Dass Eltern ihre Kinder nicht zu Hause lassen, wenn sie Läuse haben, finde ich verantwortungslos."

Margit war gar nicht mehr zu bremsen. Als sie doch einmal Luft holen musste, versuchte Betty ihr zu erklären, dass es gar nicht so einfach sei, Parasiten frühzeitig zu erkennen. Vermutlich hatten die Eltern ihre Kinder guten Gewissens zur Schule geschickt, da sie die Läuse gar nicht gesehen hatten. Wiederholtes Kratzen der Kinder am Kopf hatten sie zunächst vielleicht gar nicht mit den lästigen Tieren in Verbindung gebracht.

Und ich versuchte, Margit mit einem Beispiel aus der Hundewelt ein wenig zu beruhigen: „Geht schlimmer. Giardien zum Beispiel. Diese Parasiten befinden sich im Darm der Hunde. Sie werden über Kot- oder Speichelkontakt übertragen. Viele beherbergen Giardien, ohne sich krank zu fühlen. Die Parasiten scheiden sie über den Kot aus oder sie finden sich in Trinknäpfen oder Wasserpfützen. Der nächste Hund kommt damit in Kontakt und reagiert möglicherweise mit Durchfall. Als Hundebesitzer denkt man sicher nicht sofort, dass der geliebte Vierbeiner mit Giardien befallen ist, sondern vermutet wohl eher einen Magen-Darm-Infekt oder eine Unverträglichkeit. Erst, wenn der Hund immer wieder Durchfall hat, gehen viele zum Tierarzt. Das Dumme ist, dass dieser Hund mittlerweile viele andere Hunde angesteckt haben kann – ohne das Wissen des Besitzers. Also, was ich damit sagen will: Wenn sich eure Kinder am Kopf kratzen, dann sagt ihr ihnen vermutlich zunächst, dass sie sich mal wieder die Haare waschen sollten, oder?" Ich schaute in einigermaßen betretene Gesichter.

Und da es gerade passte, gab ich gleich noch einen Schwank aus meiner Kindheit zum Besten: „Mein Bruder und ich hatten auch mal Läuse. Meine Mutter war natürlich nicht begeistert. Und sicherlich war es ihr auch peinlich. Was aber habe ich gemacht? Voller Freude über die ‚Läusediagnose' rannte ich zum offenen Wohnzimmerfenster und brüllte über die Straße hinüber zu meinem Lieblingsonkel: ‚Onkel Franz, ich habe Läuse!' Naja, so wusste es die ganze Nachbarschaft. Behandelt wurden wir mit einer Tinktur auf dem Kopf und einem Läusekamm. Waren die Läuseleichen herausgekämmt, wurden die fast toten Läuse von uns Kindern dann mit dem Daumennagel geknackt. Wer die meisten knackte, hatte gewonnen." So allmählich war Margit, nicht zuletzt durch meine Geschichte, ein bisschen heruntergekommen und hatte sich sichtlich beruhigt - auch ohne Kölsch und Schnaps.

Stubenreinheit

An einem herrlichen Sommertag, der uns mit reichlich Sonne verwöhnte, verlegten wir unser Treffen kurzerhand auf die Terrasse des Cafés. Helga hatte ihre Freundin Sabine mitgebracht, die mit ihrer zwei Jahre alten Tochter Chantal aus Bensheim nach Köln zu Besuch gekommen war. Den vielen ‚Ahs' und ‚Ohs' nach zu schließen, ließ der Anblick von Chantal die Mütterherzen höherschlagen.

Viele Fragen wie die nach dem Geburtsgewicht, die Art der Geburt, dem ersten Wort oder den ersten eigenständigen Schritten wurden von Sabine ausführlich beantwortet, bevor Margit dann zu der scheinbar spannendsten Frage kam: „Geht Chantal schon aufs Töpfchen?" Sabine hatte jetzt die volle Aufmerksamkeit der Latte-Macchiato-Runde. „Oder trägt sie etwa noch Windeln?" Der Betonung dieser Frage hörte man die Verurteilung geradezu an.

Daher verwunderte es auch nicht, dass Sabine etwas schnippisch antwortete: „Chantal macht ihr ‚Rappelchen' schon auf dem Töpfchen." Die Mienen der Anwesenden entspannten sich. Ich verstand nur Bahnhof. Was zum Himmel war ein ‚Rappelchen'? Helga klärte mich auf: „Wir unterhalten uns übers Pippimachen." Und Sabine ergänzte: „So sagen wir in Südhessen dazu." Schließlich fragte ich Sabine, ob es unter Eltern eine Art Wettkampf gebe, welches Kind wohl am schnellsten seine Windel los war. Das kannte ich nämlich von Hundebesitzern. Bringt einer stolz seinen Welpen zum Gassigang, beginnt es zunächst mit harmlosen Fragen: „Oh, ein Welpe! Wie alt ist er denn?" – „Elf Wochen." – „Ah, wie süß." Dann kommt die Steigerung: „Schläft er nachts schon durch?" Und: „Kann er schon alleine bleiben?" Und schließlich wird's ganz ernst: „Ist er denn schon stubenrein?" Antwortet der Welpenbesitzer darauf wahrheitsgemäß mit: „Noch nicht ganz", geht wie bei einer Quizshow bei einer falschen Antwort die Sirene los: „Oh, mein Gott! Mein Hund kam mit neun Wochen bereits stubenrein vom Züchter. Da müssen Sie aber jetzt vorsichtig sein und dranbleiben!" Schon ist die Verunsicherung beim Ersthundebesitzer groß, vom Druck, der jetzt auf ihm lastet, ganz zu schweigen.

„Eltern reagieren wohl ganz ähnlich", meinte Sabine etwas frustriert. „Das Gerede der anderen hat mich am Anfang ganz nervös gemacht, aber Helga hat mich am Telefon immer wieder beruhigt."

Hunde entwickeln sich, genau wie Kinder, unterschiedlich schnell. Einer trägt die ‚Windel' länger und der andere kürzer. Dabei haben Mütter gegenüber Hundebesitzern einen ganz großen Vorteil: da Welpen keine Windel tragen, landet das ‚Rappelchen' oft auf dem Fußboden in der Wohnung.

„Das passiert aber auch bei Kindern", sprudelte es aus Betty heraus. „Ich werde nie die Erlebnisse in einer Öko-Krabbelgruppe vergessen. Die Mutter, die uns eingeladen hatte, schlug vor, die Kinder nackt spielen zu lassen. Ich hatte da meine Bedenken, denn wie du, Gitte, sagen würdest, war mein Lukas noch nicht ganz stubenrein. Ich solle mich doch entspannen, meinte die Gastgeberin, es werde schon gutgehen. Denkste! Die Einzige, die nicht mehr entspannt war, war die Öko-Mami, denn Lukas pinkelte auf die Bauklötze und damit war auch der Teppich pitschnass."

Wenn man sich überlegt, wie oft und lang bei Kleinkindern das ‚Rappelchen' ohne das Hilfsmittel Windel in die Wohnung gehen würde, dann sind Welpen im Vergleich doch sehr schnell stubenrein.

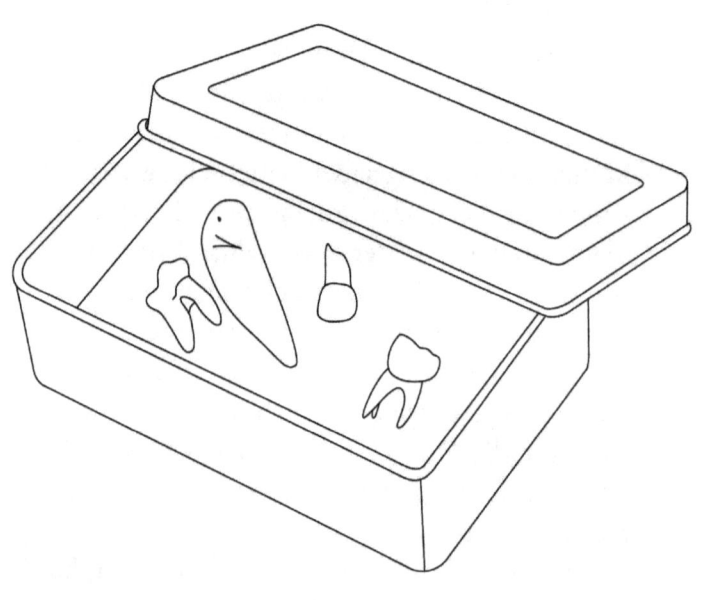

Die Zahndose

„Gitte, warte mal kurz, ich muss noch schnell in den Laden springen", rief Betty mir zu, als wir wieder einmal zusammen zur Mädelsrunde gingen. Eine Shoppingtour war zwar nicht geplant, ich folgte Betty jedoch in einen Laden mit Kinderspielzeug. „Weißt du", erklärte mir Betty aufgeregt. „Yvonne hat heute Morgen beim Frühstück ihren ersten Schneidezahn verloren. Jetzt muss unbedingt eine Zahndose her." Es dauerte geschlagene zehn Minuten, bis Betty endlich wieder vor mir stand. Aber ich war ja gut erzogen und hatte ,brav' ausgeharrt.

Im Café wartete bereits Sigrid auf uns. Als sie die Tüte vom Babyladen sah, wollte sie wissen, was wir eingekauft hatten.

„Betty und ich haben nur eine Zahndose für Yvonne besorgt", sagte ich. „Eine was?" fragte Sigrid.

„Eine Milchzahndose", antwortete Betty und zeigte sie voller Stolz. „Yvonne hat sich heute den Schneidezahn an der Brotkruste ausgebissen. Jetzt kommt der Zahn in dieser Dose unters Kopfkissen, damit die Zahnfee ihn bis zum

Morgen gegen etwas Süßes eintauscht."
„Was ist das denn für ein Quatsch?", entfuhr es
Sigrid. Sie verdrehte ihre Augen.

Als die anderen Mädels zu uns gestoßen
waren, zeigte sich, dass es in den Familien rund
um die ersten Zähne sehr unterschiedliche Tra-
ditionen gibt. Die einen machten es wie Betty
und erzählten von der Zahnfee, damit die Kinder getröstet waren. Die anderen bewahrten die
Milchzähne einfach so auf – ganz ohne Zahnfee. Sigrid bemühte sich sofort, mich in das Gespräch einzubeziehen, damit ich mich nicht
langweilte. Schließlich hatten wir ja einen Deal.
Auf ihre Frage „Haben Hunde eigentlich auch
Milchzähne?" begann ich fröhlich zu dozieren:
„Hunde kommen ab dem vierten Monat in den
Zahnwechsel. Die wackligen Zähne schmerzen
oft und dann schieben sie ihr Trockenfutter von
einer Seite des Mauls zur anderen oder sie spu-
cken es gleich ganz aus. Oft denken Hundebesitzer nicht an den Zahnwechsel und wundern
sich, warum ihr Junghund das Futter nicht oder
nur schlecht frisst. Es geht manchmal sogar so-
weit, dass sie ihren kleinen Liebling spätestens
am zweiten Tag der Futterverweigerung liebe-
voll bekochen. Dabei würde ein zeitweises Ein-
weichen des Futters oder ein etwas weicheres

Trockenfutter als Überbrückung schon reichen."

Betty lachte bestätigend: „Das kenne ich von Yvonne. Sie kämpft immer mit Apfelstücken und Brotkrusten und ist nicht selten übel gelaunt wegen der Zahnschmerzen."

„Ich habe die Milchzähne von Salome übrigens auch aufgehoben", fuhr ich fort. „Bei einer Deutschen Dogge sind Milchzähne auch nicht gerade klein. Deswegen wollte Ulrich sie unbedingt mit den Milchzähnen seines Sohnes Theo vergleichen, die er in einem leeren Marmeladenglas aufbewahrte. Und so landeten Salomes Zähne dann neben denen von Theo." Damit hatte ich die Lacher der Runde auf meiner Seite. Aber ich setzte noch einen drauf: „Und dann hat Ulrich eine Zeit lang mit Theo ‚Heiteres Zähne raten' gespielt. Dabei holte er von den Milchzähnen, die im Glas lagen, immer einen heraus, und Theo sollte raten, ob das einer seiner Zähne oder einer von Salome war."

„Na", schlug Sigrid grinsend vor, „fehlt nur noch, dass jemand die ‚Zahndose für Hunde' erfindet.

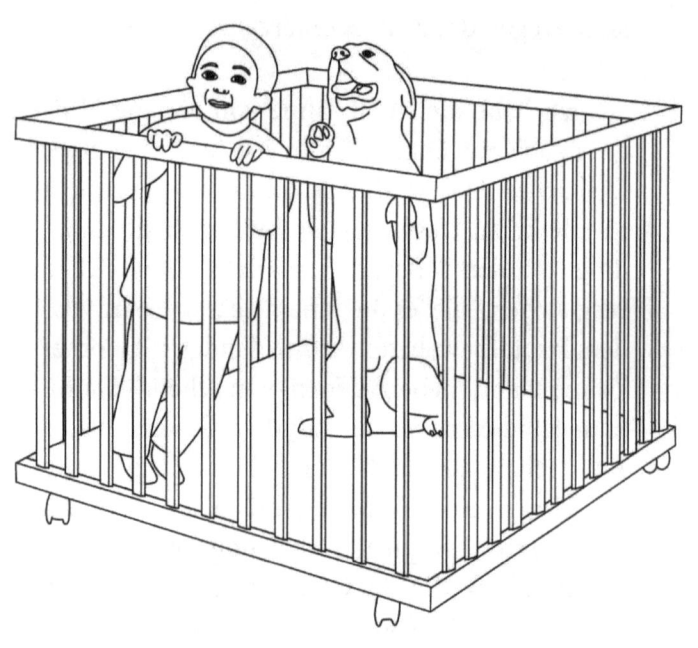

Hinter Gittern

Für den Valentinstag hatte ich Meike versprochen, auf ihren zuckersüßen Labradorwelpen Caspar aufzupassen, damit sie endlich den lang geplanten Ausflug mit ihrem Mann unternehmen konnte. Unser freitägliches Mädelstreffen verlegte ich daher kurzerhand zu mir nach Hause. Die Runde war einverstanden, allerdings stellten nun sie schmunzelnd eine Bedingung: Ich musste den legendären ‚Riemchenapfel' besorgen.

Gerade als meine Wohnung kaffeerundentauglich und welpensicher war, klingelte Meike auch schon. Kaum hatte ich die Wohnungstür einen Spalt geöffnet, da huschte Welpe Caspar bereits ins Wohnzimmer und stürmte zu Salome. Salome war mit ihren neun Jahren bereits im stolzen Rentenalter und konnte mit dem Junggemüse nichts anfangen. Mit stoischer Ruhe ertrug sie zwar dessen Anwesenheit, aber als Kennerin der Doggensprache sah ich förmlich die Sprechblase über ihrem Kopf: „Wann geht es wieder?"

„Da sind wir!", lachte Meike und umarmte

mich flüchtig. „Ich bin etwas spät dran, Gitte. Du findest in der Tasche alles für Caspar. Brauchst du Hilfe beim Aufstellen seiner Gitterbox?"

Ich schüttelte lächelnd den Kopf: „Nee, passt schon, macht euch einen schönen Tag!" und schon war Meike weg. Weg war allerdings auch meine Ruhe. Caspar riss Zeitungen aus den Regalen und rannte wie gestört über das Sofa, um sich schließlich wie Batman mit einem waghalsigen Sprung auf meine Fersen zu stürzen.

„Aua, du kleiner Teufel!", rief ich gleichermaßen erschrocken wie empört „Nun reicht es, du darfst eine Runde schlafen."

Die Gitterbox war schnell aufgebaut und Caspar durfte mit einem Keks dort zur Ruhe kommen. Er schlief bald ein und ließ mich ungestört meine Vorbereitungen für unseren Kaffeeklatsch zu Ende bringen.

Mit dem Ertönen der Türklingel war Caspar hinter seinen Gittern sogleich fit und freute sich wie Bolle. Dank Gitterbox konnte ich meine Freundinnen in Ruhe begrüßen und ihre Jacken entgegennehmen. Salome war das Begrüßungsritual schon gewohnt und erhob sich nicht einmal, als meine Freundinnen mit großem ‚Hallo' eintraten.

Sie konnten es kaum erwarten, Caspar endlich

zu knuddeln. Aber da hatten sie die Rechnung ohne Gitte, die Spaßbremse, gemacht.

„Wir lassen den Kleinen sich erst mal ‚hinter Gittern' beruhigen. Kommt, genehmigen wir uns ein Gläschen Sekt!" schlug ich vor und ergänzte „Nichtbeachtung ist das Zauberwort!"

„Kannst du mir mal erklären, warum wir den süßen Knuddelbären immer noch nicht begrüßen dürfen?" entrüstete sich Margit und schaute sich suchend nach dem Welpen um, nachdem ich die Gitterbox endlich geöffnet hatte.

„Ich möchte nicht, dass Menschen bei ihm überschwängliches Hochspringen auslösen. Wenn er das im Erwachsenenalter macht, kann das schlimme Folgen haben," führte ich aus. „Sobald Caspar sich gelangweilt von euch abwendet, könnt ihr ihn ein wenig später gerne knuddeln."

„Dass Caspar im Käfig eingesperrt wird, kommt mir bekannt vor", warf Sigrid ein. „Das war bei uns für Bea und Leo der Laufstall. Waren sie drin, konnte ich in Ruhe putzen oder kochen, weil die Kleinen gut aufgehoben waren. Im Laufstall konnten sie sich nicht die Finger verbrennen oder Treppen herunterfallen."

Helga stimmte lachend zu: „Wir haben das immer den ‚Kinderknast' genannt."

Angeleint

„Schaut mal", sagte Margit, „Caspar dreht sich auf einmal so komisch im Kreis."

„Herrje!", rief ich aus der Küche, wo ich gerade unsere Sektgläser wegräumte. „Ich denke, er muss mal an die frische Luft."

Da kauerten meine vier Freundinnen am Boden im Kreis um Caspar, der von der einen zur anderen gesprungen war, um sich kraulen, knuddeln und liebkosen zu lassen. Als er sein Bedürfnis ankündigte, zögerte ich nicht lange, schnappte ihn mir, legte ihm kurzerhand das Brustgeschirr an und befestigte die Flexileine. Meiner Aufforderung „Wer ist bei einer kleinen Gassirunde dabei?" konnte keine der Mädels widerstehen. Der Kaffee konnte warten.

Kurz darauf standen wir auf einer nahegelegenen Wiese und schauten – als wäre es das spannendste Kinoprogramm in ganz Köln - Caspar beim Pippimachen zu. Endlich erleichtert, spurtete er auf seinen kleinen Beinchen los, als wollte er austesten, wie weit so eine Flexileine ihn freigäbe.

„Caspar geht ganz schön weit weg", staunte Sigrid. „Gut, dass er an der Leine ist. Die Straße ist so nah und die Autos hier sind nicht gerade langsam unterwegs."

„Das stimmt. Ohne Leine würde ich auch nicht mit ihm rausgehen." Ich fing an, ein wenig über Leinen zu dozieren. „Die Flexileine war jetzt ganz hilfreich, weil sein Bewegungsdrang fürs Pippimachen nicht zu sehr eingeschränkt wird. Das Brustgeschirr gibt ihm bei aller Sicherheit mehr Freiraum. Wenn ich ihm ein Halsband mit kürzerer Leine anziehe, beginnt das erste Training des ‚Bei-mir-Laufens'". Gerade noch rechtzeitig bemerkte ich, wie meine Freundinnen beim Leinenvortrag abschalteten. So ähnlich wie ich, wenn sie anfingen, von verschiedenen Arten der Tragetücher und anderen Tragehilfen zu schwadronieren. Ich wollte ihr Interesse wieder einfangen und startete einen Versuch in ihrer Welt:

„Eine Leine hätte uns auch neulich im Zoo geholfen, als die kleine Bea fast verloren gegangen wäre. Angeleint wäre es gar nicht so weit gekommen", behauptete ich augenzwinkernd. Allseitiges Kichern bestätigte mir, dass ich ihre Aufmerksamkeit zurückerobert hatte.

„Sollen wir unsere Kinder jetzt wie Hunde an die Leine nehmen? Gehst du da nicht ein bisschen weit, liebe Gitte?" fragte Margit ironisch.

„Ich war als Kind an einer Leine", übernahm Betty lachend die Beantwortung für mich, „ob ihr das glaubt oder nicht. Da war so ein Brustgeschirr, an dem die Leine befestigt war. Ich glaube, die nannte man Laufgurt oder Laufhilfe für Kinder."

„Echt jetzt?", wunderte sich Helga etwas ungläubig. „Wozu war das denn gut?"

„Meine Mama hat so meine ersten Schritte begleitet und deren Radius begrenzt. Davon gibt's sogar Bilder." Die anderen waren geteilter Meinung, was diese Art der Risikobegrenzung betraf, hatten aber plötzlich unterschiedliche Erinnerungen und Geschichten parat.

Bald hatten wir die Haustüre wieder erreicht. Bevor es zurück ins Wohnzimmer ging, wo Salome kurz ein Augenlid zur Begrüßung hob, leinte ich den kleinen Caspar wieder ab. An der Küchentür meinte Helga ganz trocken zu mir: „Vielleicht brauche ich so eine Flexileine für meinen Frank. Mir scheint, der hat gerade etwas viel Bewegungsdrang und nutzt seine Freiheiten so richtig aus."

Schmunzelnd entgegnete ich: „Dann bitte anleinen!", und schaltete die Kaffeemaschine ein.

GITTE KUTHER

Gitte Kuther ist ein waschechtes "Kölsches Mädsche". Aufgewachsen in kinderreicher Familie, hat sie selbst keine Kinder, aber immer Hunde an ihrer Seite. Und natürlich ihren Mann, dem zuliebe sie die Kölner Heimat gegen Südhessen eingetauscht hat. Die gelernte Tierarzthelferin hat sich bald als Hundetrainerin selbstständig gemacht. In ihrem Kundenkreis erlebt Gitte täglich Geschichten, die sie über die Parallelen zwischen Kinder- und Hundeerziehung nachdenken lassen

Loved this book?
Why not write your own at story.one?

Let's go!

Zeitfracht Medien GmbH
Ferdinand-Jühlke-Straße 7
99095 Erfurt, Deutschland
produktsicherheit@kolibri360.de